大方廣佛華嚴經 寫經

41

✿ 일러두기

1. 『사경본 한글역 대방광불화엄경』은 『독송본 한문·한글역 대방광불화엄경』에 수록된 한글역을 사경하는 데 편의를 도모하기 위해 편집을 달리하여 간행한 것이다.

2. 『독송본 한문·한글역 대방광불화엄경』은 실차난타가 한역(695~699)한 80권 『대방광불화엄경』의 한문 원문과 한글역을 함께 수록한 것이다. 한문 저본은 고종 2년(1865) 월정사에서 인경한 고려대장경 『대방광불화엄경』이다.

3. 한글 번역은 동국역경원에서 발간한 한글 『대방광불화엄경』(운허)을 중심으로 하고 『신화엄경합론』(탄허)과 『대방광불화엄경 강설』(여천무비) 그리고 최근의 여타 번역본 등을 참조하였다.

4. 한글 번역은 독송과 사경을 위하여 정확성과 아울러 가독성을 고려하였다. 극존칭은 부처님과 불경계에 대해서만 사용하였다.

5. 사경본의 차례는 일러두기 → 한글역 본문 → 화엄경 목차 → 간행사이며 80권 『대방광불화엄경』의 권별 목차 순으로 독송본과 함께 간행한다. (법공양판에는 간행사 다음에 간행불사 동참자를 밝혀두었다.)

사경본 한글역

대방광불화엄경 제41권

27. 십정품 [2]

수미해주

大方廣佛華嚴經第四十一卷變相 同

대방광불화엄경 제41권 변상도

대방광불화엄경
제41권

27. 십정품 [2]

_____ 은(는) 『대방광불화엄경』을

사경하는 인연공덕으로

『화엄경』이 널리 유통되고

우리 모두 다함께 보리 이루기를 발원하옵니다.

대방광불화엄경
제41권

27. 십정품 [2]

"불자들이여, 무엇을 보살마하살의 모든 부처님 국토에 차례로 두루 가는 신통한 삼매라 하는가?

불자들이여, 이 보살마하살이 동방으로 수없는 세계를 지나가고 다시 그러한 세계의 미세한 티끌 수 세계를 지나가며 그 모든 세계에서 이 삼매에 들어간다.

혹은 찰나에 들며, 혹은 잠깐 동안에 들며, 혹은 계속하여 들며, 혹은 아침나절에 들며, 혹은 점심나절에 들며, 혹은 저녁나절에 들며, 혹은 초저녁에 들며, 혹은 한밤중에 들며, 혹은 새벽녘에 들기도 한다.

혹은 하루 동안 들며, 혹은 닷새 동안 들며, 혹은 반 달 동안 들며, 혹은 한 달 동안 들며, 혹은 일 년 동안 들며, 혹은 백 년 동안 들며, 혹은 천 년 동안 들으며, 혹은 백천 년 동안 들으며, 혹은 억 년 동안 들으며, 혹은 백천 억 년 동안 들으며, 혹은 백천 나유타 억 년 동안 들기도 한다.

혹은 한 겁 동안 들으며, 혹은 백 겁 동안 들으며, 혹은 백천 겁 동안 들으며, 혹은 백천 나유타억 겁 동안 들으며, 혹은 수없는 겁 동안 들으며, 혹은 한 량없는 겁 동안 들으며, 혹은 가없는 겁 동안 들으며, 혹은 같음이 없는 겁 동안 들으며, 혹은 셀 수 없는 겁 동안 든다.

혹은 일컬을 수 없는 겁 동안 들며, 혹은 생각할 수 없는 겁 동안 들며, 혹은 헤아릴 수 없는 겁 동안 들며, 혹은 말할 수 없는 겁 동안 들며, 혹은 말할 수 없이 말할 수 없는 겁 동안 들기도 한다.

오래됨이나 가까움과, 법이나 시간이 갖가지로 같지 않으나 보살이 그것에 분별을 내지 않는다. 마음이 물들거나 집착하지도 않으며, 둘이라 하지도 않고 둘이 아니라 하지도 않으며, 두루하다 하지도 않고 다르다

하지도 않는다.

비록 이런 분별을 떠났으나 신통과 방편으로 삼매에서 일어나 일체 법을 잊지도 않고 잃지도 않아서 구경에 이른다.

비유하면 해가 두루 돌면서 밝게 비추고 밤낮으로 머무르지 아니하니 해가 뜨면 낮이라 하고 해가 지면 밤이라 하지만 낮에도 또한 생기지 않고 밤에도 또한 없어지지 않듯이, 보살마하살이 수없는 세계에서 신통삼

매에 들며 삼매에 들고는 그러한 수
없는 세계를 분명하게 보는 것도 또
한 다시 이와 같다.

불자들이여, 이것이 보살마하살의
셋째 '모든 부처님 국토에 차례로 두
루 가는 신통한 큰 삼매의 선교 지
혜'이다.

불자들이여, 무엇을 보살마하살의
청정하고 깊은 마음의 행인 삼매라
하는가?

불자들이여, 이 보살마하살이 모든 부처님의 몸이 중생과 수효가 같음을 알며, 한량없는 부처님이 아승지 세계의 미세한 티끌 수보다 많음을 본다.

그 낱낱 모든 여래의 처소에서 일체 갖가지 미묘한 향으로 공양올리며, 일체 갖가지 미묘한 꽃으로 공양올리며, 크기가 아승지 부처님 세계와 같은 일체 갖가지 일산으로 공양올린다.

일체 세계를 초과하는 일체 가장

미묘한 장엄거리로 공양올리며, 일체 갖가지 보배를 틀어서 공양올리며, 일체 갖가지 장엄거리로 경행하는 곳을 장엄하여 공양올리며, 일체 수없는 가장 미묘한 마니보배창고로 공양올린다.

부처님의 위신력으로 흘러나오는 바 모든 하늘을 초과하는 가장 맛있는 음식으로 공양올리며, 일체 부처님 세계의 갖가지 가장 미묘한 모든 공양거리를 능히 위신력으로 널리 모두 거두어들여 공양올린다.

그 낱낱 모든 여래의 처소에서 공경하고 존중하여 머리 숙여 예경하고 온몸으로 보시하며, 부처님의 법을 묻고 부처님의 평등을 찬탄하며, 모든 부처님의 광대한 공덕을 칭송하여 드날린다.

모든 부처님께서 들어가신 대비에 들어가며, 부처님의 평등하고 걸림 없는 힘을 얻어, 한 생각 사이에 일체 부처님 처소에서 미묘한 법을 부지런히 구한다.

그러나 모든 부처님께서 세상에 출

현하시고 열반에 드시는 이와 같은 모습은 모두 얻을 것이 없다.

마치 흩어지고 흔들리는 마음으로 대상을 요별하되 마음이 일어나도 무슨 인연으로 일어나는지 알지 못하며, 마음이 없어져도 무슨 인연으로 사라지는지 알지 못하는 것과 같다.

이 보살마하살도 또한 다시 이와 같아서 여래께서 세상에 출현하시고 열반하시는 모습을 마침내 분별하지 않는다.

불자들이여, 마치 햇볕 가운데 아지랑이가 구름에서 생긴 것도 아니고 못에서 생긴 것도 아니며, 육지에 있는 것도 아니고 물에 머무르는 것도 아니며, 있는 것도 아니고 없는 것도 아니며, 착한 것도 아니고 악한 것도 아니며, 맑은 것도 아니고 흐린 것도 아니며, 마시거나 씻을 수도 없고 더럽힐 수도 없으며, 체가 있는 것도 아니고 체가 없는 것도 아니며, 맛이 있는 것도 아니고 맛이 없는 것도 아니나, 인연으로써 물의 모양이

나타나는데 의식으로 아는 것이며,
멀리서 보면 물과 비슷해서 물이라
는 생각이 일어나지만 가까이 가면
곧 없어서 물이라는 생각이 저절로
없어지는 것과 같다.

이 보살마하살도 또한 다시 이와
같아서 여래께서 세상에 출현하시
고 열반하시는 모습을 얻을 수 없으
니, 모든 부처님의 상이 있다거나 상
이 없다라고 하는 것은 모두 생각하
는 마음이 분별하는 것이다.

불자들이여, 이 삼매가 이름이 '청정하고 깊은 마음의 행'이다. 보살마하살이 이 삼매에 들었다가 일어나며, 일어나서는 잃어버리지 아니한다.

비유하면 어떤 사람이 잠에서 깨어나 꿈꾼 일을 기억하면 깨었을 때에 비록 꿈속의 경계가 없으나 능히 기억하여 마음에 잊어버리지 않는 것과 같다.

보살마하살도 또한 다시 이와 같아서 삼매에 들어 부처님을 친견하여 법을 듣고는 정에서 일어남에 기억하여 지니고 잊지 아니하여, 이 법으로 일체 도량에 모인 대중들을 깨우쳐 주며 일체 모든 부처님의 국토를 장엄한다.

한량없는 이치를 모두 밝게 통달하며, 일체 법문이 모두 또한 청정하며, 큰 지혜의 횃불을 밝혀 모든 부처님의 종자를 자라게 하며, 두려움 없음을 구족하며, 변재가 다하지 아니하여 매우 깊은 법장을 열어 보이고 연설한다.

이것이 보살마하살의 넷째 '청정하고 깊은 마음의 행인 큰 삼매의 선교 지혜'이다.

불자들이여, 무엇을 보살마하살의 과거의 장엄장을 아는 삼매라 하는가?

불자들이여, 이 보살마하살이 과거의 모든 부처님께서 출현하심을 능히 안다.

이른바 겁의 차례 가운데 모든 세

계의 차례와, 세계의 차례 가운데 모든 겁의 차례와, 겁의 차례 가운데 모든 부처님께서 출현하신 차례와, 부처님께서 출현하신 차례 가운데 법을 설하신 차례와, 법을 설하신 차례 가운데 모든 마음이 즐거운 차례와, 마음이 즐거운 차례 가운데 모든 근기의 차례와, 근기의 차례 가운데 조복하는 차례와, 조복하는 차례 가운데 모든 부처님 수명의 차례와, 수명의 차례 가운데 억 나유타 해의 수량의 차례를 안다.

불자들이여, 이 보살마하살이 이와 같이 가없는 차례의 지혜를 얻은 까닭으로 곧 과거의 모든 부처님을 알며, 곧 과거의 모든 세계를 알며, 곧 과거의 법문을 알며, 곧 과거의 모든 겁을 알며, 곧 과거의 모든 법을 안다.

곧 과거의 모든 마음을 알며, 곧 과거의 모든 지해를 알며, 곧 과거의 모든 중생들을 알며, 곧 과거의 모든 번뇌를 알며, 곧 과거의 모든 의식을 알며, 곧 과거의 모든 청정함을 안다.

불자들이여, 이 삼매가 이름이 '과거의 청정장'이다.

한 생각 동안에 능히 백 겁에 들어가며, 능히 천 겁에 들어가며, 능히 백천 겁에 들어가며, 능히 백천억 나유타 겁에 들어가며, 능히 수없는 겁에 들어가며, 능히 한량없는 겁에 들어가며, 능히 가없는 겁에 들어간다.

능히 같음이 없는 겁에 들어가며, 능히 셀 수 없는 겁에 들어가며, 능히 일컬을 수 없는 겁에 들어가며, 능히 생각할 수 없는 겁에 들어가며, 능히 헤아릴 수 없는 겁에 들어가며, 능히 말할 수 없는 겁에 들어가며, 능히 말할 수 없이 말할 수 없는 겁에 들어간다.

불자들이여, 저 보살마하살이 이 삼매에 들어감에 현재를 멸하지도 아니하고 과거를 반연하지도 아니한다.

불자들이여, 저 보살마하살이 이

삼매에서 일어남에 여래의 처소에서 열 가지 불가사의한 관정의 법을 받고, 또한 얻으며, 또한 청정히 하며, 또한 성취하며, 또한 들어가며, 또한 증득하며, 또한 만족하며, 또한 지니며, 평등하게 밝게 알며, 삼륜이 청정하게 된다.

어떤 것이 열인가?

하나는 말이 뜻을 어기지 않고, 둘은 법을 설함이 다함이 없고, 셋은 가르치는 말에 잘못이 없고, 넷은 설하기 좋아하여 끊어지지 않고, 다섯은 마음에 두려움이 없다.

여섯은 말이 반드시 성실하고, 일곱은 중생들이 의지할 바이고, 여덟은 삼계를 구호하여 해탈케 하고, 아홉은 선근이 가장 수승하고, 열은 미묘한 법으로 조어한다.

불자들이여, 이것이 열 가지 관정하는 법이다. 만약 보살이 이 삼매에 들었다가 삼매에서 일어나면 사이 없이 곧 얻게 되는 것이 마치 가라라가 태장에 들 때에 한 생각 동안에 식이 곧 의탁해서 생기는 것과 같다.

보살마하살도 또한 다시 이와 같아서 이 정에서 일어나면 여래의 처소에서 한 생각 동안에 곧 이 열 가지 법을 얻게 된다.

불자들이여, 이것이 이름이 보살마하살의 다섯째 '과거의 장엄장을 아는 큰 삼매의 선교 지혜'이다.

불자들이여, 무엇을 보살마하살의 지혜 광명장 삼매라 하는가?

불자들이여, 저 보살마하살이 이

삼매에 머무르면 미래 일체 세계와 일체 겁에 계시는 모든 부처님께서 이미 설하셨거나 아직 설하지 않으셨거나, 이미 수기를 주셨거나 아직 수기를 주지 않으신 갖가지 명호가 각각 같지 아니함을 능히 안다.

이른바 수없는 명호와, 한량없는 명호와, 가없는 명호와, 같음이 없는 명호와, 셀 수 없는 명호와, 일컬을 수 없는 명호와, 생각할 수 없는 명호와, 헤아릴 수 없는 명호와, 말할 수 없는 명호이다.

마땅히 세상에 출현하며, 마땅히 중생을 이익케 하며, 마땅히 법왕이 되며, 마땅히 불사를 일으키며, 마땅히 복과 이익을 설하며, 마땅히 착한 뜻을 찬탄할 것이다.

마땅히 깨끗한 뜻을 설하며, 마땅히 모든 악을 깨끗이 다스리며, 마땅히 공덕에 편안히 머무르며, 마땅히 제일의 진리를 열어 보이며, 마땅히 관정의 지위에 들어가며, 마땅히 일체지를 이룰 것이다.

저 모든 여래께서 원만한 행을 닦고, 원만한 서원을 내고, 원만한 지혜에 들어가고, 원만한 대중을 가지고, 원만한 장엄을 갖추고, 원만한 공덕을 모으고, 원만한 법을 깨닫고, 원만한 과보를 얻고, 원만한 상호를 갖추고, 원만한 깨달음을 이루심과, 저 모든 여래의 명호와 성씨와 종족과 방편 선교와 신통 변화와 중생을 성숙케 함과 열반에 드시는, 이와 같은 일체를 모두 다 밝게 안다.

이 보살이 한 생각 동안에 한 겁과 백 겁과 천 겁과 백천 겁과 백천억 나유타 겁에 능히 들어가며, 염부제 미진수 겁에 들어가며, 사천하 미진수 겁에 들어가며, 소천세계 미진수 겁에 들어가며, 중천세계 미진수 겁에 들어가며, 대천세계 미진수 겁에 들어간다.

백 부처님 세계 미진수 겁에 들어가며, 백천 부처님 세계 미진수 겁에 들어가며, 백천억 나유타 부처님 세계 미진수 겁에 들어가며, 수없는 부

처님 세계 미진수 겁에 들어가며, 한
량없는 부처님 세계 미진수 겁에 들
어간다.

가없는 부처님 세계 미진수 겁에
들어가며, 같음이 없는 부처님 세계
미진수 겁에 들어가며, 셀 수 없는
부처님 세계 미진수 겁에 들어가며,
일컬을 수 없는 부처님 세계 미진수
겁에 들어간다.

생각할 수 없는 부처님 세계 미진
수 겁에 들어가며, 헤아릴 수 없는
부처님 세계 미진수 겁에 들어가며,

말할 수 없는 부처님 세계 미진수 겁
에 들어가며, 말할 수 없이 말할 수
없는 부처님 세계 미진수 겁에 들어
간다.

이와 같이 미래의 일체 세계에 있
는 겁의 수를 능히 지혜로써 모두 다
밝게 안다.

밝게 아는 까닭으로 그 마음이 다
시 열 가지 지니는 문에 들어간다.

무엇이 열인가?

이른바 부처님을 지니는 데 들어간

까닭으로 말할 수 없는 부처님 세계 미진수 모든 부처님의 호념하심을 얻으며, 법을 지니는 데 들어간 까닭으로 열 가지 다라니 광명의 다함없는 변재를 얻는다.

행을 지니는 데 들어간 까닭으로 원만하고 수승한 모든 서원을 내며, 힘을 지니는 데 들어간 까닭으로 덮어 가릴 수 없고 꺾어 굴복할 수 없다.

지혜를 지니는 데 들어간 까닭으로 부처님 법을 행함에 장애가 없으며,

대비를 지니는 데 들어간 까닭으로 물러나지 않는 청정한 법륜을 굴린다.

차별하고 매우 교묘한 문구를 지니는 데 들어간 까닭으로 일체 문자의 바퀴를 굴려서 일체 법문의 땅을 깨끗하게 하며, 사자가 태어나는 법을 지니는 데 들어간 까닭으로 법의 빗장을 열어 탐욕의 수렁에서 나온다.

지혜의 힘을 지니는 데 들어간 까닭으로 보살의 행을 닦아 항상 쉬지 아니하며, 선우의 힘을 지니는 데 들어간 까닭으로 가없는 중생들로 하여금 널리 청정함을 얻게 한다.

머무름이 없는 힘을 지니는 데 들어간 까닭으로 말할 수 없이 말할 수 없는 광대한 겁에 들어가며, 법의 힘을 지니는 데 들어간 까닭으로 걸림 없는 방편과 지혜로 일체 법의 자성이 청정함을 안다.

불자들이여, 보살마하살이 이 삼매에 머무름에 말할 수 없이 말할 수 없는 겁에 잘 머무르며, 말할 수 없이 말할 수 없는 세계에 잘 머무른다.

말할 수 없이 말할 수 없는 갖가지
중생들을 잘 알며, 말할 수 없이 말
할 수 없는 중생들의 다른 모습을 잘
안다.

말할 수 없이 말할 수 없는 같거나
다른 업의 과보를 잘 알며, 말할 수
없이 말할 수 없는 정진하는 모든 근
과 습기의 상속과 차별된 모든 행을
잘 안다.

말할 수 없이 말할 수 없는 한량없
는 물들고 깨끗한 갖가지 사유를 잘

알며, 말할 수 없이 말할 수 없는 법과 갖가지 뜻과 한량없는 문자와 연설하는 말을 잘 안다.

말할 수 없이 말할 수 없는 갖가지 부처님께서 출현하심에 종족과 시절과 형상을 나타내어 법을 설하심과 불사를 하심과 열반에 드심을 잘 안다.

말할 수 없이 말할 수 없는 가없는 지혜의 문을 잘 알며, 말할 수 없이 말할 수 없는 일체 신통과 한량없는 변화를 잘 안다.

　불자들이여, 비유하면 해가 뜨면 세간에 있는 마을과 도시와 궁전과 가옥과 산과 못과 새와 짐승과 나무와 숲과 꽃과 과실의, 이와 같은 일체 갖가지 모든 물건을 눈 있는 사람은 모두 분명하게 보는 것과 같다.

　불자들이여, 햇빛은 평등하여 분별이 없지만 능히 눈으로 하여금 갖가지 모양을 보게 하듯이, 이 큰 삼매도 또한 다시 이와 같아서, 체성이 평등하여 분별이 없지만 능히 보살들로 하여금 말할 수 없이 말할 수

없는 백천억 나유타 차별한 모양을
알게 한다.

불자들이여, 이 보살마하살이 이
와 같이 밝게 알 때에 모든 중생들로
하여금 열 가지 헛되지 않음을 얻게
한다.

어떤 것이 열인가?

하나는 보는 것이 헛되지 않으니
모든 중생들이 선근을 내게 하는 까
닭이며, 둘은 들음이 헛되지 않으니
모든 중생들이 성숙함을 얻게 하는

까닭이며, 셋은 함께 머무름이 헛되지 않으니 모든 중생들이 마음을 조복하게 하는 까닭이며, 넷은 발기함이 헛되지 않으니 모든 중생들이 말한 대로 행하여 일체 모든 법의 뜻을 통달하게 하는 까닭이다.

다섯은 행이 헛되지 않으니 가없는 세계를 다 청정케 하는 까닭이며, 여섯은 친근함이 헛되지 않으니 말할 수 없이 말할 수 없는 부처님 세계 모든 여래의 처소에서 말할 수 없이 말할 수 없는 중생들의 의심을 끊게 하는 까닭이며, 일곱은 서원이 헛되지 않으니 생각하는 바 중생들을 따라 수승한 공양을 지어서 모든 서원을 성취케 하는 까닭이다.

여덟은 매우 공교한 법이 헛되지 않으니 모두 걸림 없는 해탈과 청정한 지혜에 머무르게 하는 까닭이며, 아홉은 법의 비를 내림이 헛되지 않으니 말할 수 없이 말할 수 없는 모든 근기의 중생들에게 일체지의 행을 방편으로 열어 보여서 부처님의 도에 머무르게 하는 까닭이며, 열은 나타남이 헛되지 않으니 가없는 상호를 나타내어 일체 중생이 모두 비춤을 얻게 하는 까닭이다.

불자들이여, 보살마하살이 이 삼매에 머물러서 열 가지 헛되지 않음을 얻을 때에 모든 천왕들이 다 와서 정례하며, 모든 용왕들이 큰 향기구름을 일으키며, 모든 야차왕들이 그 발에 정례하며, 아수라왕들이 공경하고 공양올리며, 가루라왕들이 앞뒤로 둘러싸며, 모든 범천왕들이 모

두 와서 권청하며, 긴나라왕들과 마
후라가왕들이 모두 함께 칭찬하며,
건달바왕들이 항상 와서 친근하며,
모든 인간의 왕들이 받들어 섬기며
공양올린다.

불자들이여, 이것이 보살마하살의
여섯째 '지혜 광명장인 큰 삼매의
선교 지혜'이다.

불자들이여, 무엇을 보살마하살의
일체 세계 부처님 장엄을 밝게 아는

삼매라 하는가?

불자들이여, 이 삼매를 무슨 까닭으로 일체 세계 부처님 장엄을 밝게 안다고 이름하는가?

불자들이여, 보살마하살이 이 삼매에 머무르면 능히 차례로 동방 세계에 들어가며, 능히 차례로 남방 세계에 들어가며, 서방과 북방과 네 간방과 상방과 하방에 있는 세계에도 다 또한 이와 같이 능히 차례로 들어간다.

모든 부처님께서 세상에 출현하심

을 다 보며, 또한 그 부처님의 일체 신통한 힘을 보며, 또한 모든 부처님의 있는 바 유희를 보며, 또한 모든 부처님의 광대한 위덕을 보며, 또한 모든 부처님의 가장 수승한 자재하심을 본다.

또한 모든 부처님의 큰 사자후를 보며, 또한 모든 부처님의 닦으시는 바 모든 행을 보며, 또한 모든 부처님의 갖가지 장엄을 보며, 또한 모든 부처님의 신족의 변화를 보며, 또한 모든 부처님의 대중모임이 구름처럼

모이는 것을 본다.

대중모임의 청정함과, 대중모임의
광대함과, 대중모임의 한 모양임과,
대중모임의 여러 모양임과, 대중모임
의 처소와, 대중모임의 거처함과, 대
중모임의 성숙함과, 대중모임의 조복
함과, 대중모임의 위덕과, 이와 같은
일체를 모두 다 분명히 본다.

또한 대중모임의 그 양의 크고 작
음이 염부제와 같음을 보며, 또한 대
중모임이 사천하와 같음을 보며, 또

한 대중모임이 소천세계와 같음을 보며, 또한 대중모임이 중천세계와 같음을 본다.

또한 대중모임의 양이 삼천대천세계와 같음을 보며, 또한 대중모임이 백천억 나유타 부처님 세계에 가득함을 보며, 또한 대중모임이 아승지 부처님 세계에 가득함을 본다.

또한 대중모임이 백 부처님 세계 미진수의 부처님 세계에 가득함을 보며, 또한 대중모임이 천 부처님 세계 미진수의 부처님 세계에 가득함을 보며, 또한 대중모임이 백천억 나유타 부처님 세계 미진수의 부처님 세계에 가득함을 본다.

또한 대중모임이 수없는 부처님 세계 미진수의 부처님 세계에 가득함을 보며, 또한 대중모임이 한량없는 부처님 세계 미진수의 부처님 세계에 가득함을 보며, 또한 대중모임이 가없는 부처님 세계 미진수의 부처님 세계에 가득함을 보며, 또한 대중모임이 같음이 없는 부처님 세계 미진수의 부처님 세계에 가득함을 보며, 또한 대중모임이 셀 수 없는 부처님 세계 미진수의 부처님 세계에 가득함을 본다.

또한 대중모임이 일컬을 수 없는 부처님 세계 미진수의 부처님 세계에 가득함을 보며, 또한 대중모임이 생각할 수 없는 부처님 세계 미진수의 부처님 세계에 가득함을 보며, 또한 대중모임이 헤아릴 수 없는 부처님 세계 미진수의 부처님 세계에 가득함을 보며, 또한 대중모임이 말할 수 없는 부처님 세계 미진수의 부처님 세계에 가득함을 보며, 또한 대중 모임이 말할 수 없이 말할 수 없는 부처님 세계 미진수의 부처님 세계에 가득함을 본다.

또한 모든 부처님께서 저 대중모임 도량에서 나타내 보이시는 갖가지 모양과 갖가지 시간과 갖가지 국토와 갖가지 변화와 갖가지 신통과 갖가지 장엄과 갖가지 자재와 갖가지 형상의 양과 갖가지 하시는 일을 본다.

보살마하살이 또한 자신이 저 대중 모임에 가는 것을 보며, 또한 스스로 몸이 저기에서 법문 설함을 보며, 또한 스스로 몸이 부처님 말씀을 받아 지님을 보며, 또한 스스로 몸이 연기를 잘 아는 것을 보며, 또한 스스로 몸이 허공에 머물러 있음을 본다.

또한 스스로 몸이 법신에 머무름을 보며, 또한 스스로 몸이 물들어 집착함을 내지 않음을 보며, 또한 스스로 몸이 분별에 머무르지 않음을 보며, 또한 스스로 몸이 고달프지 않음

을 보며, 또한 스스로 몸이 모든 지
혜에 널리 들어감을 본다.

또한 스스로 몸이 모든 이치를 널
리 앎을 보며, 또한 스스로 몸이 모
든 지위에 널리 들어감을 보며, 또한
스스로 몸이 모든 갈래에 널리 들어
감을 보며, 또한 스스로 몸이 방편을
널리 아는 것을 보며, 또한 스스로
몸이 부처님 앞에 널리 머무름을 본
다.

또한 스스로 몸이 모든 힘에 널리
들어감을 보며, 또한 스스로 몸이 진

여에 널리 들어감을 보며, 또한 스스로 몸이 다툼이 없는 데 널리 들어감을 보며, 또한 스스로 몸이 모든 법에 널리 들어감을 본다.

이와 같이 볼 때에 국토를 분별하지도 아니하며, 중생을 분별하지도 아니하며, 부처님을 분별하지도 아니하며, 법을 분별하지도 아니한다.

몸에 집착하지도 아니하며, 신업에 집착하지도 아니하며, 마음에 집착하지도 아니하며, 뜻에 집착하지도 아니한다.

비유하면 모든 법이 자성을 분별하지 않고 음성을 분별하지도 않지만 자성을 버리지 않고 이름과 글자를 없애지도 않듯이, 보살마하살도 또한 다시 이와 같아서, 행을 버리지 않고 세상이 지은 바를 따르되 이 두 가지에 집착하는 바가 없다.

불자들이여, 보살마하살이 부처님의 한량없는 빛과 한량없는 형상과 원만하게 성취함과 평등하고 청정함을 보되, 낱낱이 앞에 나타나서 분명하게 증득하여 안다.

혹은 부처님 몸의 갖가지 광명을 보며, 혹은 부처님 몸의 둥근 광명이 한 길임을 보며, 혹은 부처님 몸이 치성한 햇빛 같음을 보며, 혹은 부처님 몸이 미묘한 빛임을 보며, 혹은 부처님 몸이 청정한 빛 지음을 본다.

혹은 부처님 몸이 황금색 지음을 보며, 혹은 부처님 몸이 금강색 지음을 보며, 혹은 부처님 몸이 감청색 지음을 보며, 혹은 부처님 몸이 가없는 색 지음을 보며, 혹은 부처님 몸

이 크고 푸른 마니보배색 지음을 본
다.

혹은 부처님 몸이 그 키가 일곱 주
임을 보며, 혹은 부처님 몸이 그 키
가 여덟 주임을 보며, 혹은 부처님
몸이 그 키가 아홉 주임을 보며, 혹
은 부처님 몸이 그 키가 열 주임을
본다.

혹은 부처님 몸이 스무 주의 크기
임을 보며, 혹은 부처님 몸이 서른
주의 크기이며 이와 같이 내지 일백
주의 크기와 일천 주의 크기임을 본

다.

혹은 부처님 몸이 한 구로사의 크
기임을 보며, 혹은 부처님 몸이 반
유순의 크기임을 보며, 혹은 부처님
몸이 한 유순의 크기임을 보며, 혹은
부처님 몸이 열 유순의 크기임을 보
며, 혹은 부처님 몸이 백 유순의 크
기임을 보며, 혹은 부처님 몸이 천
유순의 크기임을 본다.

혹은 부처님 몸이 백천 유순의 크
기임을 보며, 혹은 부처님 몸이 염부
제의 크기임을 보며, 혹은 부처님 몸

이 사천하의 크기임을 보며, 혹은 부처님 몸이 소천세계의 크기임을 보며, 혹은 부처님 몸이 중천세계의 크기임을 본다.

혹은 부처님 몸이 대천세계의 크기임을 보며, 혹은 부처님 몸이 백 대천세계의 크기임을 보며, 혹은 부처님 몸이 천 대천세계의 크기임을 보며, 혹은 부처님 몸이 백천 대천세계의 크기임을 보며, 혹은 부처님 몸이 백천억 나유타 대천세계의 크기임을 본다.

혹은 부처님 몸이 수없는 대천세계의 크기임을 보며, 혹은 부처님 몸이 한량없는 대천세계의 크기임을 보며, 혹은 부처님 몸이 가없는 대천세계의 크기임을 보며, 혹은 부처님 몸이 같음이 없는 대천세계의 크기임을 보며, 혹은 부처님 몸이 셀 수 없는 대천세계의 크기임을 본다.

혹은 부처님 몸이 일컬을 수 없는 대천세계의 크기임을 보며, 혹은 부처님 몸이 생각할 수 없는 대천세계의 크기임을 보며, 혹은 부처님 몸이 헤아릴 수 없는 대천세계의 크기임을 보며, 혹은 부처님 몸이 말할 수 없는 대천세계의 크기임을 보며, 혹은 부처님 몸이 말할 수 없이 말할 수 없는 대천세계의 크기임을 본다.

불자들이여, 보살이 이와 같이 모든 여래의 한량없는 색상과, 한량없는 형상과, 한량없는 나타내 보임과, 한량없는 광명과, 한량없는 광명 그물을 본다. 그 광명의 분량이 법계와 같아서 법계 안에서 비추지 않는 곳이 없으며, 널리 위없는 지혜를 내게 한다.

또 부처님 몸이 물드는 일이 없고 장애가 없으며, 가장 미묘하고 청정함을 본다.

불자들이여, 보살이 이와 같이 부처님 몸을 보되 여래의 몸은 늘지도 않고 줄지도 않는다.

비유하면 허공이 벌레가 먹은 겨자씨 구멍에서 또한 감소하지도 않고 수없는 세계에서 또한 늘어나지도 않듯이, 그 모든 부처님 몸도 또한 다시 이와 같아서 크게 볼 때에도 또한 늘어나는 바가 없고 작게 볼 때에도 또한 줄어드는 바가 없다.

불자들이여, 비유하면 둥근 달을 염부제 사람들이 그 형상을 작게 본다고 해서 또한 줄지도 않고 달 가운데 머무르는 자들이 그 형상을 크게 본다고 해서 또한 늘지도 않듯이, 보살마하살도 또한 다시 이와 같아서, 이 삼매에 머무르면 그 마음의 즐겨함을 따라서 모든 부처님 몸이 갖가지로 변화하는 모양을 보며 법을 연

설하는 말씀을 받아 지니어 잊지 아니하되 여래의 몸은 늘지도 않고 줄지도 않는다.

불자들이여, 비유하면 중생들이 목숨을 마친 뒤 장차 태어나려 할 때에 마음의 보는 바가 청정함을 여의지 아니하듯이, 보살마하살도 또한 다시 이와 같아서, 이 매우 깊은 삼매의 보는 바가 청정함을 여의지 아니한다.

불자들이여, 보살마하살이 이 삼

매에 머물러 열 가지 빠른 법을 성취
한다.

　무엇이 열인가?

　이른바 빨리 모든 행을 더하여 큰
서원을 원만하게 하며, 빨리 법의 광
명으로 세간을 밝게 비추며, 빨리 방
편으로 법륜을 굴려 중생을 제도하
여 해탈시키며, 빨리 중생의 업을 따
라서 모든 부처님의 청정한 국토를
나타내 보이며, 빨리 평등한 지혜로
열 가지 힘에 나아간다.

　빨리 일체 여래와 더불어 함께 머

무르며, 빨리 대자의 힘으로 마군을 꺾어 깨뜨리며, 빨리 중생의 의심을 끊어 환희를 내게 하며, 빨리 수승한 지혜를 따라 신통 변화를 나타내 보이며, 빨리 갖가지 묘한 법과 말로써 모든 세간을 청정하게 함이다.

불자들이여, 이 보살마하살이 다시 열 가지 법인을 얻어 일체 법을 인가한다.

어떤 것이 열인가?

하나는 과거 미래 현재의 일체 모

든 부처님과 같이 선근이 평등함이
고, 둘은 모든 여래와 같이 끝없는
지혜의 법신을 얻음이고, 셋은 모든
여래와 같이 둘이 아닌 법에 머무름
이다.

넷은 모든 여래와 같이 삼세의 한
량없는 경계가 모두 다 평등함을 관
찰함이고, 다섯은 모든 여래와 같이
법계를 요달하여 걸림이 없는 경계를
얻음이고, 여섯은 모든 여래와 같이
열 가지 힘을 성취하여 행하는 바가
걸림이 없음이고, 일곱은 모든 여래

와 같이 두 가지 행을 길이 끊어 다툼이 없는 법에 머무름이다.

여덟은 모든 여래와 같이 중생을 교화하되 항상 쉬지 아니함이고, 아홉은 모든 여래와 같이 지혜의 선교와 이치의 선교 가운데 능히 잘 관찰함이고, 열은 모든 여래와 같이 일체 부처님과 평등하여 둘이 없음이다.

불자들이여, 만일 보살마하살이 이 일체 세계 부처님 장엄을 밝게 아는 큰 삼매의 선교 방편문을 성취하

면, 이는 스승이 없는 자이니 남의
가르침을 말미암지 않고 스스로 일
체 부처님 법에 들어간 까닭이다.

이는 대장부이니 능히 일체 중생을
깨우치는 까닭이며, 이는 청정한 자
이니 마음의 성품이 본래 청정함을
아는 까닭이며, 이는 제일가는 자이
니 능히 일체 세간을 제도하여 해탈
케 하는 까닭이다.

이는 편안하게 위로하는 자이니 일
체 중생을 깨닫게 하는 까닭이며, 이
는 편안히 머무르는 자이니 부처님

종성에 아직 머무르지 아니한 자를 머무르게 하는 까닭이며, 이는 진실하게 아는 자이니 일체 지혜의 문에 들어간 까닭이다.

이는 다른 생각이 없는 자이니 말하는 것이 둘이 없는 까닭이며, 이는 법장에 머무르는 자이니 일체 부처님 법을 밝게 알기를 서원하는 까닭이며, 이는 법비를 능히 내리는 자이니 중생들 마음의 즐겨함을 따라 모두 충족케 하는 까닭이다.

불자들이여, 비유하면 제석천왕이 정수리 상투에 마니보배를 두면 보배의 힘인 까닭으로 위광이 더욱 왕성해짐이라, 그 제석천왕이 처음 이 보배를 얻으면 열 가지 법을 얻어 일체 삼십삼천보다 뛰어나는 것과 같다.

어떤 것이 열인가?

하나는 색상이고, 둘은 형체이고, 셋은 나타내 보임이고, 넷은 권속이고, 다섯은 살림도구이고, 여섯은 음성이고, 일곱은 신통이고, 여덟은 자

재함이고, 아홉은 지혜로 이해함이
고, 열은 지혜의 작용이다.

　이와 같은 열 가지가 모두 삼십삼
천보다 뛰어나다.

　보살마하살도 또한 다시 이와 같
아서 처음 비로소 이 삼매를 얻을 때
에 곧 열 가지 광대한 지혜장을 얻는
다.

　어떤 것이 열인가?

　하나는 일체 부처님 세계를 밝게
비추는 지혜이고, 둘은 일체 중생의

태어남을 아는 지혜이고, 셋은 삼세의 변화를 널리 짓는 지혜이고, 넷은 일체 부처님 몸에 널리 들어가는 지혜이고, 다섯은 일체 부처님 법을 통달하는 지혜이다.

여섯은 일체 청정한 법을 널리 포섭하는 지혜이고, 일곱은 널리 일체 중생으로 하여금 법신에 들어가게 하는 지혜이고, 여덟은 일체 법을 환하게 보는 보안이 청정한 지혜이고, 아홉은 일체에 자재하여 피안에 이르는 지혜이고, 열은 일체 광대한 법에 편안히 머물러 널리 다하고 남음이 없는 지혜이다.

불자들이여, 보살마하살이 이 삼매에 머물러 다시 열 가지 가장 청정한 위덕의 몸을 얻는다.

어떤 것이 열인가?

하나는 말할 수 없이 말할 수 없는 세계를 밝게 비추기 위한 까닭으로 말할 수 없이 말할 수 없는 광명바퀴를 놓음이다.

둘은 세계를 다 청정케 하기 위한

까닭으로 말할 수 없이 말할 수 없는 한량없는 색상의 광명바퀴를 놓음이다.

셋은 중생들을 조복하기 위한 까닭으로 말할 수 없이 말할 수 없는 광명바퀴를 놓음이다.

넷은 일체 모든 부처님을 친근하기 위한 까닭으로 말할 수 없이 말할 수 없는 몸을 변하여 지음이다.

다섯은 일체 모든 부처님을 받들어 섬기고 공양올리기 위한 까닭으로 말할 수 없이 말할 수 없는 갖가

지 수승하고 묘한 향과 꽃구름을 비
내림이다.

여섯은 일체 부처님을 받들어 섬기
고 공양올리며 그리고 일체 중생을
조복하기 위한 까닭으로 낱낱 모공
속에서 말할 수 없이 말할 수 없는
갖가지 음악을 변화하여 지음이다.

일곱은 중생을 성숙케 하기 위한
까닭으로 말할 수 없이 말할 수 없는
갖가지 한량이 없이 자재한 신통 변
화를 나타냄이다.

여덟은 시방의 갖가지 명호의 일체

부처님 처소에서 법을 청하여 묻기 위한 까닭으로 한 걸음에 말할 수 없이 말할 수 없는 세계를 뛰어 넘음이다.

아홉은 일체 중생의 보고 듣는 자들로 하여금 모두 헛되지 않게 하기 위한 까닭으로 말할 수 없이 말할 수 없는 갖가지 한량없는 청정한 색상의, 정수리를 볼 수 없는 몸을 나타냄이다.

열은 중생들에게 한량없는 비밀한 법을 열어 보여 주기 위한 까닭으로 말할 수 없이 말할 수 없는 음성과 말을 내는 것이다.

불자들이여, 보살마하살이 이 열 가지 가장 청정한 위덕의 몸을 얻고는 능히 중생들로 하여금 열 가지 원만함을 얻게 한다.

어떤 것이 열인가?

하나는 능히 중생들로 하여금 부처님을 친견하게 함이고, 둘은 능히 중생들로 하여금 부처님을 깊이 믿게 함이고, 셋은 능히 중생들로 하여금 법을 듣게 함이고, 넷은 능히 중생들로 하여금 부처님 세계가 있음을 알게 함이고, 다섯은 능히 중생들로 하여금 부처님의 신통 변화를 보게 함이다.

여섯은 능히 중생들로 하여금 모은 바 업을 생각하게 함이고, 일곱은 능히 중생들로 하여금 선정의 마음이 원만하게 함이고, 여덟은 능히 중생들로 하여금 부처님의 청정함에 들게 함이고, 아홉은 중생들로 하여금 보리심을 내게 함이고, 열은 능히 중생들로 하여금 부처님의 지혜를 원만하게 함이다.

불자들이여, 보살마하살이 중생들로 하여금 열 가지 원만함을 얻게 하고는 다시 중생들을 위하여 열 가지 불사를 한다.

어떤 것이 열인가?

이른바 음성으로 불사를 하니 중생들을 성숙케 하기 위한 까닭이며, 형색으로 불사를 하니 중생들을 조복하기 위한 까닭이다.

기억함으로 불사를 하니 중생들을 청정케 하기 위한 까닭이며, 세계를 진동함으로 불사를 하니 중생들로 하여금 나쁜 갈래에서 떠나게 하기 위한 까닭이다.

방편과 깨달음으로 불사를 하니 중생들로 하여금 생각을 잃어버리지 않게 하기 위한 까닭이며, 꿈에 모습을 나타냄으로 불사를 하니 중생들로 하여금 항상 바르게 생각하게 하기 위한 까닭이다.

큰 광명을 놓음으로 불사를 하니

모든 중생들을 널리 거두어 주기 위한 까닭이며, 보살행을 닦음으로 불사를 하니 중생들로 하여금 수승한 서원에 머무르게 하기 위한 까닭이다.

정등각을 이룸으로 불사를 하니 중생들로 하여금 환법을 알게 하기 위한 까닭이며, 미묘한 법륜을 굴림으로 불사를 하니 대중들에게 법을 설함에 때를 잃지 않기 위한 까닭이다.

현재 수명에 머무름으로 불사를

하니 일체 중생을 조복하기 위한 까
닭이며, 열반에 듦을 보임으로 불사
를 하니 모든 중생들이 피로해 하거
나 싫어함을 아는 까닭이다.

　불자들이여, 이것이 보살마하살의
일곱째 '일체 세계 부처님 장엄을
밝게 아는 큰 삼매의 선교 지혜'이
다."

〈대방광불화엄경 제41권〉

회
향
송

아차보현수승행
무변승복개회향
보원침익제중생
속왕무량광불찰

시방삼세일체불
제존보살마하살
마하반야바라밀

我此普賢殊勝行
無邊勝福皆廻向
普願沈溺諸眾生
速往無量光佛刹

十方三世一切佛
諸尊菩薩摩訶薩
摩訶般若波羅蜜

大方廣佛華嚴經 — 부록

·

대방광불화엄경 목차

·

간행사

대방광불화엄경
목차

간 행 사

귀의삼보 하옵고,

『대방광불화엄경』의 수지 독송과 유통을 발원하면서 수미정사 불전연구원에서 『독송본 한문·한글역 대방광불화엄경』과 『사경본 한글역 대방광불화엄경』을 편찬하여 간행하게 되었습니다.

『화엄경』은 우리나라에 전래된 이래 일찍부터 사경되고 주석·강설되어 왔으며 근현대에 이르러서는 『화엄경』의 한글 번역과 연구도 부쩍 많이 이루어졌습니다. 그만큼 『화엄경』이 우리 불자님들의 신행과 해탈에 큰 의지처가 되었던 것임을 알 수 있습니다.

『화엄경』을 독송하고 사경하는 공덕은 설법 공덕과 함께 크게 강조되어 왔습니다. 그리하여 수미정사 불전연구원에서도 『화엄경』(80권)을 독송하고 사경하는 데 도움이 되도록 한문 원문과 한글역을 함께 수록한 독송본과 한글역의 사경본 『화엄경』 간행불사를 발원하였습니다. 이 『화엄경』 간행불사에 뜻을 같이하여 적극 후원해주신 스님들과 재가 불자님들께 깊이 감사드립니다. 또한 『화엄경』을 수지 독송할 수 있도록 경책의 모습으로 장엄해 주신 편집위원들과 담앤북스 출판사 관계자들께도 고마움을 표합니다.

끝으로 이 불사의 원만 회향으로 『화엄경』이 널리 유통되고, 온 법계에 부처님의 가피가 충만하시길 기원드립니다.

나무 대방광불화엄경

불기 2564년 '부처님오신날'을 봉축하며
수미해주 합장

위태천신(동진보살)

수미해주 須彌海住

호거산 운문사에서 성관 스님을 은사로 출가, 석암 대화상을 계사로 사미니계 수계, 월하 전계사를
계사로 비구니계 수계, 계룡산 동학사 전문강원 졸업, 동국대학교 불교대학 및 동 대학원 졸업, 철
학박사, 가산지관 대종사에게서 전강, 동국대학교 불교대학 교수, 동학승가대학 학장 및 화엄학림
학림장, 중앙승가대학교 법인이사 역임.
(현) 수미정사 주지, 동국대학교 명예교수.
저·역서로『의상화엄사상사연구』,『화엄의 세계』,『정선 원효』,『정선 화엄 1』,『정선 지눌』,『법계도기
총수록』,『해주스님의 법성게 강설』등 다수.

사경본 한글역
대방광불화엄경 제41권

| 초판 1쇄 발행_ 2024년 2월 24일

| 엮은이_ 수미해주
| 엮은곳_ 수미정사 불전연구원
| 편집위원_ 해주 수정 경진 선초 정천 석도 박보람 최원섭
| 편집보_ 무이 무진 지욱 혜명

| 펴낸이_ 오세룡
| 펴낸곳_ 담앤북스
　　　　　서울특별시 종로구 새문안로3길 23 경희궁의 아침 4단지 805호
　　　　　대표전화 02)765-1251 전자우편 dhamenbooks@naver.com
　　　　　출판등록 제300-2011-115호
| ISBN_ 979-11-6201-422-6 04220